SONETOS DE AMOR

LUÍS VAZ DE CAMÕES nasceu em Lisboa (c. 1524) e morreu na mesma cidade em 1580. Após estudar os clássicos, passou a frequentar a corte de d. João III, notabilizando-se como poeta lírico. Dizem que por causa de um amor frustrado exilou-se na África, onde se alistou ao Exército e acabou perdendo o olho direito durante uma batalha. Quando voltou a Portugal foi preso devido a um episódio de agressão. Depois de solto, tomou o rumo do Oriente, onde experimentaria várias adversidades, e escreveria o poema épico *Os lusíadas*, obra fundamental e epopeia da identidade portuguesa. Sua lírica seria publicada postumamente.

RICHARD ZENITH nasceu em Washington, DC, em 1956, e se radicou em Lisboa em 1987. É um dos maiores especialistas contemporâneos em literatura de língua portuguesa, além de escritor, tradutor, pesquisador e crítico. Editou diversas obras sobre Fernando Pessoa, várias delas coedições entre Brasil e Portugal e, em 2012, foi laureado com o prestigioso Prémio Pessoa. Traduziu a obra de Carlos Drummond de Andrade para a língua inglesa. É autor de *Fotobiografia de Fernando Pessoa* e organizador do *Livro do desassossego*.

LUÍS DE CAMÕES

Sonetos de amor

Prefácio de
RICHARD ZENITH

PENGUIN

COMPANHIA DAS LETRAS

Copyright do prefácio © 2016 by Richard Zenith

Grafia atualizada segundo o Acordo Ortográfico da Língua
Portuguesa de 1990, que entrou em vigor no Brasil em 2009.

Penguin and the associated logo and trade dress are registered
and/or unregistered trademarks of Penguin Books Limited and/or
Penguin Group (USA) Inc. Used with permission.

Published by Companhia das Letras in association with
Penguin Group (USA) Inc.

A seleção dos sonetos respeitou a numeração consagrada
nas edições canônicas da Lírica de Luís de Camões.

CAPA E ILUSTRAÇÕES DE MIOLO
Flavia Zimbardi, Caetano Calomino

SELEÇÃO
Leandro Sarmatz

PREPARAÇÃO
Leny Cordeiro

REVISÃO
Marina Nogueira
Nana Rodrigues

Dados Internacionais de Catalogação na Publicação (CIP)
(Câmara Brasileira do Livro, SP, Brasil)

Camões, Luís de, 1524-1580.
    Sonetos de amor / Luís de Camões; prefácio de Richard
Zenith. — 1ª ed. — São Paulo: Penguin Classics Companhia
das Letras, 2016.

    ISBN 978-85-8285-031-2

    1. Camões, Luís de, 1524?-1580 — Crítica e interpretação
2. Poesia lírica 3. Poesia portuguesa 4. Sonetos portugueses
1. Zenith, Richard, 1956-. II. Título

16-02798   CDD-896.1042

Índice para catálogo sistemático:
1. Sonetos camonianos: Poesia lírica:
Literatura portuguesa 896.1042

[2016]
Todos os direitos desta edição reservados à
EDITORA SCHWARCZ S.A.
Rua Bandeira Paulista, 702, cj. 32
04532-002 — São Paulo — SP
Telefone: (11) 3707-3500
Fax: (11) 3707-3501
www.penguincompanhia.com.br
www.companhiadasletras.com.br
www.blogdacompanhia.com.br

Sumário

Prefácio — *Camões, amor rebelde*,
por Richard Zenith   7

SONETOS DE AMOR   23

Leituras recomendadas   69

Camões, amor rebelde

RICHARD ZENITH

Todas as definições do amor são insuficientes, o que talvez explique por que existe tanta poesia sobre o tema. Luís de Camões amou muito, sofreu muito, teve gozo no seu sofrimento e escreveu dezenas de sonetos (e canções, elegias, odes) numa repetida tentativa de entender o que era essa coisa simultaneamente terrível e sublime. Mas nele o amor também envolvia uma atitude de contestação. Revoltou-se contra o amor, é certo, mas revoltou-se ainda mais *com* o amor. Isto é, o amor sentido, vivido e poetizado serviu-lhe de arma para combater as convenções, as conveniências e as leis do nosso mundo hierarquizado, em prol de uma outra lei — a lei do amor, precisamente.

Se o espírito rebelde de Camões salta aos olhos nos relatos da sua vida rocambolesca, assume a forma de uma subversão sutil na sua poesia. No soneto que começa "Quem vê, Senhora, claro e manifesto" (p. 34), o poeta levou a linguagem da contabilidade para o campo do amor, afirmando ser a cegueira o "preço honesto" que se "paga" e que se "deve" pelo privilégio de ver os belos olhos da misteriosa Senhora invocada. O narrador, todavia, quis pagar mais ainda e acabou por lhe dar tudo o que possuía, ficando sem "resto" mas com a consciência de que o "proveito" desse negócio foi todo seu, pois dar tudo o que possuía à bem-amada, perder tudo por causa dela, aumentava a sua felicidade. Conclusão: "quanto mais vos pago, mais vos devo". Assim, Camões não só repudiou a vulgar ambição de acumular bens como inverteu toda a lógica da ganância.

O verso concludente e demolidor que acabo de citar foi utilizado por Elizabeth Bishop — exímia poeta norte-americana, tradutora de Carlos Drummond de Andrade, João Cabral de Melo Neto e Vinicius de Moraes — na dedicatória do seu livro *Questions of Travel* (1965) à arquiteta Lota de Macedo Soares, a companheira com quem viveu em Petrópolis durante quinze anos. Naqueles tempos, o simples fato de amar uma pessoa do mesmo sexo era um ato subversivo, que Bishop habilmente acentuou aludindo a um soneto que subverte o bom senso econômico em favor do amor.

Camões empregou o mesmo vocabulário de negócios no soneto "Passo por meus trabalhos tão isento" (p. 32), cujo narrador, tirando prazer do sofrimento que o Amor lhe impõe, confessa que "do penar a ordem desordeno". E então o Amor, percebendo que a sua vítima está contente com os males recebidos, reduz o sofrimento infligido, "porque entende" — esclarece o narrador enamorado — "Que quanto mais me paga, mais me deve". Isto é, quanto maior for o sofrimento que lhe é infligido (pago), maior será o castigo que lhe é devido, por ter desordenado a ordem normal do funcionamento da pena.

As noções de que o Amor tortura e de que o enamorado se deleita com as dores sofridas eram lugares-comuns. Camões foi original por fazer do amor uma via de conhecimento e por usar o discurso amoroso para revolucionar velhas ideias e propor novas formas de ver a vida. A sua própria vida — cheia de mudanças, aventuras, sucessos e desastres — foi um rico campo de investigação para a poesia-ciência que ia desenvolvendo.

✳

PREFÁCIO

Embora não se saiba ao certo onde ou quando nasceu Luís Vaz de Camões, os poucos documentos coevos que o mencionam apontam para Lisboa, no ano de 1524. Dos seus poemas têm sido extraídas muitas informações biográficas, boa parte das quais conjecturais ou imprecisas. Presume-se, por vezes, que Camões, em virtude da considerável erudição evidenciada na sua poesia (também escreveu três peças, todas publicadas postumamente), frequentou a Universidade de Coimbra, mas seu nome não consta dos registros dessa instituição. É possível que tenha estudado numa universidade espanhola ou, mais provavelmente, num mosteiro português ou numa escola diocesana, algumas das quais estavam autorizadas a atribuir graus acadêmicos. Alguma educação formal terá recebido, se não numa escola, pelo menos sob a tutela de um ou mais dos tios "muito letrados" de que há notícia na sua linhagem paterna. Aprendeu latim e leu bastante nessa língua, nomeadamente as obras de Virgílio e de Ovídio, assiduamente presentes na sua própria poesia, e também não descurou a filosofia grega.

Contudo, o jovem Luís não passou o tempo todo a ler livros. Gostava de se divertir, andava na pândega, buscava e cultivava os prazeres da carne. Mesmo que tenha aprendido muito da sua arte poética com Petrarca, não tinha uma Laura "angelizada" para servir como fiel objeto — ou pretexto — dos seus versos amorosos. Revela, nos seus poemas, que conheceu muitos amores e que estes assumiram diferentes formas, com mulheres de várias classes sociais. Na única carta enviada de Goa que se lhe conhece, recorda com saudade como conseguia encantar as prostitutas de Lisboa recitando versos de Petrarca ou de Juan Boscán (poeta catalão que escrevia em castelhano), os quais não impressionaram minimamente as rameiras indianas, que respondiam numa linguagem misturada "de ervilhaca, que trava na garganta do entendimento" e "lança água na fervura da mor quentura do mundo". Foi no Oriente, todavia, que se apaixonou perdidamente pela "pretidão" de uma escrava (asiática? africana?), de encantos tão poderosos que o poeta acabou por ser afetivamente escravo dela (segundo as célebres redondilhas que começam com "Aquela cativa/ que me tem cativo").

O amor ou os amores podem estar na própria origem do périplo marítimo empreendido por Camões, pois há indícios de que foi constrangido a zarpar por ter ousado cortejar uma ou mais damas do Paço Real. Ou terá sido a ânsia de aventura a atraí-lo para o mar? Talvez tenham sido as duas causas em conjunto. Ardente a viver e ardente a amar, Camões não era homem que conseguisse evitar meter-se em sarilhos. Sem ser propriamente estouvado, sentia-se constantemente impelido a ultrapassar os limites.

O poeta era filho de Ana de Sá, que talvez tivesse algumas réstias de nobreza na sua linhagem pouco clara, e de Simão Vaz de Camões, que morreu em Goa após o naufrágio da nau que comandava. A família era pobre mas bem relacionada, e a primorosa educação do filho Luís no que respeita à poesia e aos clássicos — onde quer que a tenha adquirido — ter-lhe-á possibilitado outras relações vantajosas. Camões tinha amigos e talvez um ou dois protetores na aristocracia, e as distinções de classe eram mais facilmente esquecidas entre jovens guiados pela paixão da vida. Das quatro cartas de Camões que se conhecem, as duas que escreveu em Lisboa confirmam amplamente a vida boêmia que alguns dos seus poemas deixam transparecer. A primeira é uma espécie de compêndio sobre as mulheres de quem era possível desfrutar na capital do reino, desde aquelas que estavam disponíveis por um certo preço, ou que nem dinheiro cobravam, às que eram altivas e com ar de "beatas", mas igualmente disponíveis, como o jovem poeta sabia por experiência própria.

Algumas dessas mulheres são até nomeadas, e dois dos nomes reaparecem na segunda carta, que mantém um tom ligeiro, embora seu conteúdo seja pesado, uma vez que nar-

PREFÁCIO

ra que certo homem fora espancado na praça do Rossio à noite, que outro fora agredido à paulada dias depois, que havia assassinos a soldo a circular pelas ruas — enfim, um ambiente que respirava violência e malfeitorias. O autor da carta fazia claramente parte do problema, pois alude a um mandado de captura para "dezoito de nós", figurando o nome do seu correspondente e camarada no topo da lista. Talvez não fosse uma guerra entre gangues, mas também não era um jogo para fracos e medrosos. É evidente que Camões se entusiasmava com essas atividades assustadoras, apesar de ter escrito ao destinatário da primeira carta — que se queixara de estar enfadado no campo — que deveria estar agradecido por poder ler Virgílio e Petrarca à sombra de uma árvore, longe da agitação e dos "amores fingidos" da cidade. A sua poesia canta amiúde as virtudes da vida pastoril, sendo possível que evocasse recordações verídicas de uma juventude passada em Coimbra ou noutra localidade relativamente sossegada, mas é igualmente possível que os seus quadros bucólicos tivessem sido inteiramente extraídos — em parte, foram-no certamente — das *Bucólicas* de Virgílio e de outras obras literárias do gênero.

Por volta de 1547, Camões partiu de Lisboa para se juntar às tropas que ocupavam Ceuta, primeira das conquistas ultramarinas portuguesas (1415). Foi como soldado raso, talvez em satisfação de uma obrigação militar imposta aos jovens em geral, ou por ter caído em dificuldades que exigiram seu afastamento para longe. A noção de que estava a ser punido por namoros palacianos inconvenientes surge no primeiro retrato biográfico do poeta, incluído numa edição de *Os lusíadas* publicada em 1613. O biógrafo, Pedro de Mariz (1550?-1615), conta que, segundo "alguns dizem", o poeta fugiu ou foi desterrado de Portugal por "uns amores no paço da Rainha", hipótese apoiada pela sua mais extensa e mais autobiográfica canção ("Vinde cá, meu tão certo secretário"), que indica uma dolorosa relação amorosa como motivo de ter abandonado a pátria. Depois de oito estrofes de magoado desgosto por não ter conseguido cativar a "humana fera tão fermosa,/ suave e venenosa" que ele adorava e que lhe terá concedido alguns favores, ou pelo menos fingido algum interesse, o narrador já emocionalmente exausto diz: "Destarte a vida noutra fui trocando;/ eu não, mas o destino fero, irado [...]./ Fez-me deixar o pátrio ninho amado,/ passando o longo mar". E alude, nos versos seguintes, ao olho que perdeu a combater em Ceuta.

O poeta-soldado parece ter regressado a Portugal em 1549 ou 1550, pois neste último ano deveria ter embarcado numa armada com destino à Índia. No registro de embarque, é identificado como sendo um escudeiro de 25 anos, com barba ruiva, residente no bairro da Mouraria, em Lisboa. Acabou por não partir, por razões que só podemos conjecturar, e a sua vida de arruaça, sexo e Petrarca continuou como antes. Esse modo de vida acabou por custar-lhe caro, pois em 1552 foi parar à cadeia por ter ferido, com a espada, um oficial da corte chamado Gonçalo Borges. Este fora provocado, quando seguia a cavalo, por alguns homens mascarados, presumivelmente amigos de Camões, que entretanto se juntou à rixa, desferindo o golpe ofensivo. Ao fim de muitos meses preso, foi perdoado pelo oficial, que não ficara gravemente ferido. Por esse motivo e porque o agressor "é um mancebo pobre, e me vai este ano servir à Índia", o rei d. João III emitiu uma carta de perdão, em março de 1553. O mancebo pobre embarcou ainda no mesmo mês, mal podendo imaginar que seu exílio iria durar dezessete anos. Foi uma viagem turbulenta e, dos quatro navios que partiram, só chegou são e salvo a Goa aquele que transportava Camões, que depressa foi obrigado a participar numa campanha bélica local e, pouco tempo depois, numa expedição ao golfo de Adem, entre o Iêmen e a Somália. Essas experiências, bastante dolorosas, foram relatadas em alguns dos seus poemas longos.

PREFÁCIO   13

Cumprido o serviço militar, o poeta conseguiu inse-
rir-se na rede administrativa colonial, sendo nomeado
provedor dos Defuntos e Ausentes em Macau, posto que
exerceu entre 1557 e 1559, aproximadamente. Essa situa-
ção dever-lhe-ia ter proporcionado tranquilidade física
e financeira, mas foi por água abaixo quando o acusa-
ram de peculato. A corrupção no Estado português da
Índia era generalizada e não é improvável que Camões
também tenha abusado do seu cargo, desviando dinhei-
ros públicos. Convocado a prestar contas em Goa, cons-
ta que chegou a ser encarcerado. Absolvido ou perdoado
desse delito, voltou à prisão poucos anos depois, desta vez
por dívidas não saldadas. Um português astucioso podia
enriquecer facilmente na Índia e Camões era hábil, mas
não prático nem disciplinado, e não estava preocupado
em enriquecer. Pedro de Mariz, que esteve certamente em
contato com pessoas que o conheceram, caracterizou Ca-
mões como um "grande gastador, mui liberal e magnífi-
co", que só conservava os bens materiais durante o tempo
que levava a esbanjá-los.
    Falido e desiludido, Camões resolveu regressar à me-
trópole em 1567, valendo-se de dinheiro emprestado para
chegar até Moçambique, onde se arrastou por dois anos,
comendo graças à caridade de amigos e passando os dias
a burilar Os lusíadas e a redigir um "livro de muita eru-
dição, doutrina e filosofia", que seria intitulado Parnaso
de Luís de Camões, mas que lhe foi roubado, segundo o
cronista Diogo do Couto, que lá chegou em abril de 1569.
Este e outros benfeitores liquidaram as dívidas do poeta
e trataram da sua viagem de regresso a Lisboa, onde de-
sembarcou na primavera de 1570. Dois anos depois, pu-
blicou Os lusíadas, obra que lhe valeu certo renome, mas
quase nenhuma recompensa monetária, apenas uma exí-
gua pensão do Estado (pelo livro e pelos "serviços presta-
dos na Índia"). Para suplementá-la, mandava o escravo ja-
vanês que trouxera da Índia mendigar pela cidade, então

acometida pela peste, eventual causa da sua morte, em junho de 1580. Dois meses depois, o vazio de poder resultante da catastrófica campanha de Alcácer Quibir (1578) foi preenchido pela Espanha, cujo domínio iria perdurar por sessenta anos. Assim, Os lusíadas acabaram por constituir uma dupla herança — do poeta que escreveu a admirável obra épica e do império soberano cuja história contava e cuja soberania se extinguiu, por estranha coincidência, com o contador da história.

Talvez o seu primeiro biógrafo exagerasse a miséria dos últimos anos de Camões, mas decerto não foi uma gloriosa saída de cena e, no meio de tanta aflição, o seu reconhecimento como um dos melhores poetas do reino não lhe poderá ter servido de grande consolo. Quando o fidalgo Rui Dias da Câmara lhe pediu uma tradução, em verso, dos sete salmos penitenciais, o poeta tardou em cumprir essa tarefa, até que o interessado se queixou, não entendendo por que razão o autor de um poema tão grandioso levava tanto tempo a executar um trabalho tão pequeno. Ao que Camões respondeu que escrevera Os lusíadas quando era jovem, bem-amado e estimado, "cheio de muitos favores e mercês de amigos e de damas, com que o calor poético aumentava", mas que agora "não tinha espírito nem contentamento para nada".

O "calor poético" de Camões foi ativado pelo seu estreito e desinibido envolvimento com a vida, mas seria errado considerar sua poesia lírica, não obstante o conteúdo altamente pessoal, como uma manifestação precoce da revelação da vida íntima a que hoje se costuma chamar poesia confessional. A produção lírica foi, antes, a forma de aperfeiçoar sua vida, cuja essencial imperfeição era, para ele, não só um pressuposto filosófico e teológico, mas também um fato comprovado pela sua experiência desde jovem. A desilusão que acabou por dominar seu

PREFÁCIO

espírito, nos últimos anos de vida, esteve desde sempre presente. Encontra-se claramente exposta na sua primeira carta de Lisboa e na sua carta de Ceuta (possivelmente anterior), afligindo-o mesmo desde o berço, a darmos crédito à terceira estrofe da já referida canção, onde se lê:

> As lágrimas da infância já manavam
> com ũa saüdade namorada;
> o som dos gritos, que no berço dava,
> já como de suspiros me soava.

A angústia sentida pelo poeta e as suas esperanças repetidamente frustradas, sobretudo em matéria de afetos, foram de certa forma *corrigidas* pelos poemas — não através de um revisionismo experiencial (que poderia significar a introdução de fins mais felizes nas histórias que viveu, por exemplo), mas por serem complexas e elegantes análises da sua amarga e angustiada experiência. Ao lamentarem a derrota das suas expectativas, os poemas constituíram uma renovação delas — no sentido banal pelo qual o luto tem um efeito regenerador, permitindo-nos retomar o nosso caminho, e (o que aqui mais interessa) em virtude do imbatível dinamismo da imaginação poética. Amores impossíveis, transpostos para o plano poético, tornam-se subitamente possíveis, e o próprio fato de escrever um poema — ainda que as palavras que o compõem exprimam desespero — é um sinal de vida e esperança. Quando Camões, num soneto em que chora um amor completamente malogrado (p. 61), escreve "Se cousa há i que mágoa dê maior,/ Eu a verei; que tudo posso ver", está a queixar-se do destino e a afirmar, simultaneamente, a capacidade da sua imaginação visionária para converter os piores reveses em poesia.

Segundo o "breve livro" de "casos tão diversos" que é a lírica camoniana (assim modestamente designada no primeiro soneto), a felicidade amorosa real e própria é uma quimera, podendo haver, quando muito, uma expectativa de felicidade. Mas ao contrário dos amores perfeitos e serenos que só existem em sonhos, a poesia não é um ideal irrealizável. É algo que se faz e que pode alcançar — ou parecer que alcança — a perfeição, sendo por isso que encanta e consola. A poesia, para Camões, era uma interface, florescendo no limite entre a vida efetivamente vivida e a sua idealização, sendo ao mesmo tempo uma visão imaginativa e uma realização artística palpável. Ou, invertendo a nossa perspectiva, podemos dizer que a tensão permanente entre a complicada vida real de Camões e a sua atração espiritual pela paz perfeita de um amor doce e calmo foi o elemento que deu especial vigor e força cinética à sua poesia.

Essa tensão é patente na atitude contraditória com as mulheres, tratadas nas suas cartas e em algumas trovas e cantigas como objetos sexuais mais ou menos intercambiáveis, mas no resto da sua poesia como sublimes figuras de adoração. Apesar dos esforços de alguns críticos para dotar Camões de uma musa duradoura, não há provas convincentes da existência de uma mulher que tenha desempenhado esse papel na sua vida. Afirma num soneto (p. 28) que o seu destino amoroso não consentia que "ardesse num só fogo", e as descrições da bem-amada mudam significativamente de um poema para outro. É possível, aliás, que só de forma aproximativa essas descrições correspondam a mulheres de carne e osso. Conquanto não subsistam dúvidas de que Camões se podia apaixonar perdidamente e que sofria por esse fato, é possível que as idealizadas senhoras dos seus versos sejam, em grande parte, figuras poéticas, ou variações da senhora ideal eternamente inatingível. Porém, enquanto a Beatriz de Dante ou a Laura de Petrarca são, em última análise, entes espirituais, representativos de um plano mais elevado a que os dois poetas toscanos aspiram, a mulher (ou mulheres) que o poeta português idealiza é uma entidade essencialmente literária, extrapolada das mulheres menos-que-perfeitas do mundo

PREFÁCIO

material e raras vezes correspondendo a algo no reino espiritual. As senhoras discursivamente "divinizadas" dos seus poemas são fins em si mesmas e não meios para chegar a qualquer outra divindade.

A grande exceção a essa regra ocorre em "Sobre os rios que vão", constituído por 365 redondilhas em que Camões se revela profundamente religioso. Nele afirma que o "vício" do "natural amor" serviu, pela Graça divina, como degrau para ascender à "Beleza geral", mas uma vez dado esse passo, afasta a figura da suprema amada por ser uma distração daquela Beleza mais elevada, uma "sombra daquela Ideia/ qu'em Deus está mais perfeita". Autodefinindo-se uma "palinódia", ou retratação, o poema confirma o caráter transgressivo de quase todo o resto da poesia lírica de Camões, na qual o amor é efetivamente sua religião e a bem-amada, a sua deusa terrestre. Esse amor e essa amada, como se vê no soneto "Tanto de meu estado me acho incerto" (p. 30), têm poder transformativo sobre o estado físico e mental do amante. E no soneto "Aquela triste e leda madrugada" (p. 37), as palavras de despedida de dois amantes até exercem poder sobre a dimensão espiritual, fazendo com que o fogo do inferno arrefeça.

Se o amor é a religião de Camões, o Amor — com A maiúsculo — é também o tirano que mais o tortura. Assim personificado, o Amor parece ser aparentado com o Destino ou a Fortuna, aos quais se vem juntar frequentemente na poesia camoniana, mas são apenas primos afastados, visto que o poder do Amor sobre nós não é, em boa verdade, "sobre" nós, como algo vindo do exterior: a sua força irresistível provém dos instintos libidinosos e afetivos que nos habitam. Camões não nutria ilusões a esse respeito. Nunca supunha que os seus amores, por mais elevados que a imaginação e o sentimento poéticos os tornassem, estivessem desligados dos seus desejos carnais e emocionais. Ou então sim, estavam desligados, na medida em que os desejos do poeta tinham vida própria, independentemente dos amores que sentia. O contrário, porém, não se verificava. Dito de maneira mais crua, a poetizada e idealizada amada não tinha existência possível sem o muito humano impulso sexual do poeta, o qual poderia ser sublimado mas nunca expungido ou vencido.

A posição de Camões nesse aspecto está bem expressa num dos seus mais famosos sonetos (p. 31), um genial tratado em catorze linhas sobre a premissa neoplatônica enunciada nos primeiros dois versos: "Transforma-se o amador na cousa amada,/ Por virtude do muito imaginar". Como Helder Macedo já demonstrou, a premissa é refutada pelos restantes versos. Se admitirmos que é verdadeira, como argumenta a segunda quadra, então cessa o desejo carnal, visto que o amador — transformado na amada — já possui o objeto do seu desejo. Mas dado que, de fato, o desejo não cessa, fica provado que a premissa é falsa. A amada "semideia", segundo o sexteto, não se funde com o amador; acontece-lhe, "como um acidente", mas continua a ser essencialmente outra. Não menos digno de nota é o fato de o soneto rejeitar a hipótese de o desejo físico poder ser satisfeito de modo imaginativo ou espiritual. A mera "ideia" da amada não basta: um corpo exige outro corpo. Leio os últimos dois versos do soneto — "o vivo e puro amor de que sou feito,/ Como a matéria simples busca a forma" — como afirmando que o "puro amor" é um estado solitário de potencialidade que naturalmente busca a "impureza" de realização numa forma, por meio de encontros reais com amadas e de outros tipos de expressão material, que poderiam (segundo proponho) incluir a poesia.

❋

Um dos atrativos da lírica camoniana se prende com o admirável contraste entre a esmerada perfeição das suas estruturas formais, por um lado, e as emoções turbulentas e atitudes por vezes heterodoxas que essas estruturas encerram, por outro. O rigor formal funciona como um arreio das flutuações emocionais e intelectuais, que oscilam entre a revelação exaltada e a dúvida desesperadora, dotando a poesia de estro e músculo. Porém Fernando Pessoa, em ansiosa competição com o genial poeta quinhentista, censurou-o por não ter inventado novas formas de verso para chorar a perda da sua alma gentil (p. 36). Sempre o mesmo já muito batido decassílabo, reprovava ele. Era uma crítica mesquinha, se considerarmos que Camões fez, em relação à língua portuguesa, algo semelhante ao que Dante realizou para a língua italiana, ajudando a estruturar e a sistematizar sua sintaxe e seu vocabulário (em menor escala, naturalmente, já que a língua portuguesa estava numa fase mais evoluída).

É, todavia, verdade que não foi inovador em matéria de versificação. Isso se deve, em parte, ao fato de, naquela altura, Portugal estar a se recuperar de algum atraso nos campos da arte, da música e da literatura, pois o Renascimento chegou tardiamente e de modo hesitante, algo superficial. A ortodoxia católica, entretanto abalada pela muito alterada visão do mundo proposta pela ciência e pelo humanismo, não incentivava as inovações, nem nas artes nem na sociedade em geral. O alcance da Inquisição portuguesa, instaurada em 1536, estendia-se muito além da esfera religiosa. Ou, melhor dizendo, a esfera religiosa abrangia tudo. Camões, empenhado em consolidar as novidades poéticas vindas do estrangeiro (completando um processo iniciado por outro maravilhoso poeta, Francisco Sá de Miranda — 1481-1558 —, que viveu cinco anos na Itália e também algum tempo na Espanha), não tinha interesse em inventar outras. A sua novidade consistia na utilização dada a formas poéticas preexistentes, habilmente compondo e entrelaçando vários níveis de discurso e de significado ao longo dos mais de 11 mil versos de *Os lusíadas*, empregando formas poéticas autóctones (trovas e cantigas) com um primor inusitado, e fundindo os sonetos e outras formas líricas importadas com outro conceito de amor e uma nova perspectiva da condição humana.

A prontidão com que o poeta brandia a espada era igualada pelos seus porfiados esforços na literatura, os quais incluíam vários *remakes* de sonetos petrarquistas. Para citar dois exemplos da presente seleção, "Eu cantarei de amor tão docemente" (p. 26) toma como modelo "*Io canterei d'amore si novamente*" na primeira estrofe, enquanto "Tanto de meu estado me acho incerto" (p. 30) incorpora versos diretamente traduzidos de "*Pace non trovo, e non ho da far guerra*", que Camões naturalmente tentou melhorar. Também se apropriou de narrativas preexistentes, dando uma reviravolta a histórias antigas. A história de Jacó, que serviu Labão durante sete anos para ganhar a mão da sua filha Raquel, no soneto da p. 39, termina com um comentário ao mesmo tempo cômico e pungente, que está ausente do relato bíblico.

❉

Se a produção poética de Camões foi fruto do seu gênio particular, esse gênio foi, por sua vez, fruto do tempo e das circunstâncias em que floresceu. A sua visão humanista era a mesma que possuíam os seus pares intelectualmente virados para o futuro. Nenhum deles podia ter escrito algo que se assemelhasse a *Os lusíadas*, mas alguns podiam e conseguiram escrever poemas líricos nem sempre inferiores aos seus. Se não fosse assim, não haveria estudiosos que dedicam boa parte das suas vidas profissionais a determinar — a tentar determinar — exatamente quais os poemas que lhe podem ser atribuídos.

Camões não organizou a sua poesia lírica em nenhum livro ou coletânea que se conheça, nem sobrevivem autógrafos dela. Publicou apenas um soneto, uma ode e uma elegia. Os seus muitos outros poemas circulavam em cancioneiros manuscritos e em miscelâneas que incluíam obras de numerosos poetas, cuja autoria nem sempre era indica-

PREFÁCIO

da. Em 1595, quinze anos após sua morte, saiu uma edição da sua poesia dispersa sob o título *Rhythmas*. Continha cerca de 170 poemas, vários deles depressa denunciados como sendo obras de outros poetas. Um ou outro poema até fizera parte de um cancioneiro compilado antes de Camões ter nascido. Uma segunda edição da poesia lírica, intitulada *Rimas* e publicada em 1598, retirou poemas erradamente incluídos na edição inaugural e acrescentou muitos outros, num total de 237 composições. Em pouco tempo, o nome de Camões granjeou grande prestígio e novas edições da sua poesia, ao longo dos três séculos seguintes, vieram engrossar avidamente o corpus com qualquer soneto, elegia, écloga ou sextina com antiguidade e qualidade suficientes para pertencer ao grande poeta. Nos finais do século XIX, chegaram a ser atribuídos a Camões quase setecentos poemas, quatrocentos dos quais sonetos.

As edições do século XX empenharam-se, finalmente, no trabalho crítico de desbastar e circunscrever o desmedido corpus. Quem, nessa tarefa, foi mais longe e aplicou critérios mais rigorosos foi Leodegário A. de Azevedo Filho, que propôs um cânone mínimo de 133 poemas indubitavelmente compostos pelo autor de *Os lusíadas*. Para além dos 65 sonetos que fazem parte desse grupo restrito, o filólogo admitiu mais 25 sonetos como prováveis ou possíveis composições camonianas. Lançou suspeitas sobre a autoria de cinco ou seis sonetos integrados na presente seleção, mas todos foram publicados como sendo de Camões ainda no século XVI e são assim reconhecidos pela grande maioria dos críticos modernos. Em boa verdade, uma pequenina dúvida paira sobre *qualquer* poema não publicado pelo próprio Camões — ou seja, sobre praticamente todos eles. O que não suscita dúvidas é a atualidade deste conjunto de sonetos sobre o amor e as suas delícias, os seus tormentos, as suas esperanças, a sua impossibilidade e a sua necessidade, primordial, para sermos humanos.

Sonetos de amor

✿   ✿

✿

✿   ✿

I.

Enquanto quis Fortuna que tivesse
Esperança de algum contentamento,
O gosto de um suave pensamento
Me fez que seus efeitos escrevesse.

Porém, temendo Amor que aviso desse
Minha escritura a algum juízo isento,
Escureceu-me o engenho co tormento,
Para que seus enganos não dissesse.

Ó vós, que Amor obriga a ser sujeitos
A diversas vontades! Quando lerdes
Num breve livro casos tão diversos;

Verdades puras são, e não defeitos;
E sabei que, segundo o amor tiverdes,
Tereis o entendimento de meus versos.

2.

Eu cantarei de amor tão docemente,
Por uns termos em si tão concertados,
Que dous mil acidentes namorados
Faça sentir ao peito que não sente.

Farei que amor a todos avivente,
Pintando mil segredos delicados,
Brandas iras, suspiros magoados,
Temerosa ousadia e pena ausente.

Também, Senhora, do desprezo honesto
De vossa vista branda e rigorosa,
Contentar-me-ei dizendo a menos parte.

Porém, pera cantar de vosso gesto
A composição alta e milagrosa,
Aqui falta saber, engenho e arte.

4.

De[s]pois que quis Amor que eu só passasse
Quanto mal já por muitos repartiu,
Entregou-me à Fortuna, porque viu
Que não tinha mais mal que em mi[m] mostrasse.

Ela, por que do Amor se avantajasse
No tormento que o Céu me permitiu,
O que pera ninguém se consentiu,
Pera mi[m] só mandou que se inventasse.

Eis-me aqui, vou, com vário som, gritando
Copioso exemplário pera a gente
Que destes dous tiranos é sujeita,

Desvarios em versos concertando.
Triste quem seu descanso tanto estreita,
Que deste, tão pequeno, está contente!

7.

No tempo que de amor viver soía,
Nem sempre andava ao remo ferrolhado;
Antes, agora livre, agora atado,
Em várias flamas variamente ardia.

Que ardesse num só fogo não queria
O Céu, por que tivesse experimentado
Que nem mudar as causas ao cuidado
Mudança na ventura me faria.

E se algum pouco tempo andava isento,
Foi como quem co peso descansou,
Por tornar a cansar com mais alento.

Louvado seja Amor em meu tormento,
Pois pera passatempo seu tomou
Este meu tão cansado sofrimento!

8.

Amor, que o gesto humano na alma escreve,
Vivas faíscas me mostrou um dia,
Donde um puro cristal se derretia
Por entre vivas rosas e alva neve.

A vista, que em si mesma não se atreve,
Por se certificar do que ali via,
Foi convertida em fonte, que fazia
A dor ao sofrimento doce e leve.

Jura Amor que brandura de vontade
Causa o primeiro efeito; o pensamento
Endoudece, se cuida que é verdade.

Olhai como Amor gera, num momento,
De lágrimas de honesta piedade,
Lágrimas de imortal contentamento!

9.

Tanto de meu estado me acho incerto,
Que em vivo ardor tremendo estou de frio;
Sem causa, juntamente choro e rio;
O mundo todo abarco e nada aperto.

É tudo quanto sinto um desconcerto;
Da alma um fogo me sai, da vista um rio;
Agora espero, agora desconfio,
Agora desvario, agora acerto.

Estando em terra, chego ao Céu voando;
Nũa hora acho mil anos; e é de jeito
Que em mil anos não posso achar ũa hora.

Se me pergunta alguém porque assi[m] ando,
Respondo que não sei; porém suspeito
Que só porque vos vi, minha Senhora.

10.

Transforma-se o amador na cousa amada,
Por virtude do muito imaginar;
Não tenho, logo, mais que desejar,
Pois em mi[m] tenho a parte desejada.

Se nela está minha alma transformada,
Que mais deseja o corpo de alcançar?
Em si somente pode descansar,
Pois consigo tal alma está liada.

Mas esta linda e pura semideia,
Que, como o acidente em seu sujeito,
Assi[m] coa alma minha se conforma,

Está no pensamento como ideia;
[E] o vivo e puro amor de que sou feito,
Como a matéria simples busca a forma.

11.

Passo por meus trabalhos tão isento
De sentimento grande nem pequeno,
Que só pela vontade com que peno
Me fica Amor devendo mais tormento.

Mas vai-me Amor matando tanto a tento,
Temperando a triaga co veneno,
Que do penar a ordem desordeno,
Porque não mo consente o sofrimento.

Porém se esta fineza o Amor [não] sente
E pagar-me meu mal com mal pretende,
Torna-me com prazer como ao sol neve.

Mas, se me vê cos males tão contente,
Faz-se avaro da pena, porque entende
Que quanto mais me paga, mais me deve.

15.

Busque amor novas artes, novo engenho,
Pera matar-me, e novas esquivanças;
Que não pode tirar-me as esperanças,
Que mal me tirará o que eu não tenho.

Olhai de que esperanças me mantenho!
Vede que perigosas seguranças!
Que não temo contrastes nem mudanças,
Andando em bravo mar, perdido o lenho.

Mas, conquanto não pode haver desgosto
Onde esperança falta, lá me esconde
Amor um mal, que mata e não se vê;

Que dias há que na alma me tem posto
Um não sei quê, que na[s]ce não sei onde.
Vem não sei como, e dói não sei por quê.

16.

Quem vê, Senhora, claro e manifesto
O lindo ser de vossos olhos belos,
Se não perder a vista só em vê-los,
Já não paga o que deve a vosso gesto.

Este me parecia preço honesto;
Mas eu, por de vantagem merecê-los,
Dei mais a vida e alma por querê-los,
Donde já me não fica mais de resto.

Assi[m] que a vida e alma e esperança,
E tudo quanto tenho, tudo é vosso;
E o proveito disso eu só o levo.

Porque é tamanha bem-aventurança
O dar-vos quanto tenho e quanto posso,
Que, quanto mais vos pago, mais vos devo.

17.

Quando da bela vista e doce riso
Tomando estão meus olhos mantimento,
Tão enlevado sinto o pensamento,
Que me faz ver na terra o Paraíso.

Tanto do bem humano estou diviso,
Que qualquer outro bem julgo por vento;
Assi[m] que, em caso tal, segundo sento,
Assaz de pouco faz quem perde o siso.

Em vos louvar, Senhora, não me fundo,
Porque quem vossas cousas claro sente,
Sentirá que não pode conhecê-las.

Que de tanta estranheza sois ao mundo,
Que não é de estranhar, Dama excelente,
Que quem vos fez fizesse céu e estrelas.

19.

Alma minha gentil, que te partiste
Tão cedo desta vida descontente,
Repousa lá no Céu eternamente
E viva eu cá na terra sempre triste.

Se lá no assento etéreo, onde subiste,
Memória desta vida se consente,
Não te esqueças daquele amor ardente
Que já nos olhos meus tão puro viste.

E se vires que pode merecer-te
Algũa cousa a dor que me ficou
Da mágoa, sem remédio, de perder-te,

Roga a Deus, que teus anos encurtou,
Que tão cedo de cá me leve a ver-te,
Quão cedo de meus olhos te levou.

24.

Aquela triste e leda madrugada,
Cheia toda de mágoa e de piedade,
Enquanto houver no mundo saudade
Quero que seja sempre celebrada.

Ela só, quando amena e marchetada
Saía, dando ao mundo claridade,
Viu apartar-se de ũa outra vontade,
Que nunca poderá ver-se apartada.

Ela só viu as lágrimas em fio.
Que de uns e de outros olhos derivadas,
Se acre[s]centaram em grande e largo rio.

Ela [ou]viu as palavras magoadas,
Que puderam tornar o fogo frio
E dar descanso às almas condenadas.

27.

Males, que contra mi[m] vos conjurastes,
Quanto há de durar tão duro intento?
Se dura por que dura meu tormento,
Baste-vos quanto já me atormentastes.

Mas, se assi[m] porfiais, porque cuidastes
Derrubar meu tão alto pensamento,
Mais pode a causa dele, em que o sustento,
Que vós, que dela mesma o ser tomastes.

E, pois vossa tenção com minha morte
Há de acabar o mal destes amores,
Dai já fim a um tormento tão comprido,

Por que de ambos contente seja a sorte:
Vós, porque me acabastes, vencedores;
E eu, porque acabei, de vós vencido.

29.

Sete anos de pastor Jacó servia
Labão, pai de Raquel, serrana bela;
Mas não servia ao pai, servia a ela,
Que ela só por prêmio pretendia.

Os dias, na esperança de um só dia,
Passava, contentando-se com vê-la;
Porém o pai, usando de cautela,
Em lugar de Raquel lhe dava Lia.

Vendo o triste pastor que com enganos
Lhe fora assi[m] negada a sua pastora,
Como se a não tivera merecida,

Começa de servir outros sete anos,
Dizendo: — Mais servira, se não fora
Pera tão longo amor tão curta a vida!

35.

Um mover de olhos, brando e piedoso,
Sem ver de quê; um riso brando e honesto,
Quase forçado; um doce e humilde gesto,
De qualquer alegria duvidoso;

Um despejo quieto e vergonhoso;
Um repouso gravíssimo e modesto;
ũa pura bondade, manifesto
Indício da alma, limpo e gracioso;

Um encolhido ousar; ũa brandura;
Um medo sem ter culpa; um ar sereno;
Um longo e obediente sofrimento:

Esta foi a celeste fermosura
Da minha Circe, e o mágico veneno
Que pôde transformar meu pensamento.

38.

Fermosos olhos, que na idade nossa
Mostrais do Céu certíssimos sinais,
Se quereis conhecer quanto possais,
Olhai-me a mim, que sou feitura vossa.

Vereis que de viver me desapossa
Aquele riso com que a vida dais;
Vereis como de Amor não quero mais,
Por mais que o tempo corra e o dano possa.

E, se dentro nesta alma ver quiserdes
Como num claro espelho, ali vereis
Também a vossa, angélica e serena.

Mas eu cuido que, só por me não verdes,
Ver-vos em mi[m], Senhora, não quereis.
Tanto gosto levais de minha pena!

39.

O fogo que na branda cera ardia,
Vendo o rosto gentil, que eu na alma vejo,
Se acendeu de outro fogo do desejo,
Por alcançar a luz que vence o dia.

Como de dous ardores se incendia,
Da grande impaciência fez despejo,
E, remetendo com furor sobejo,
Vos foi beijar na parte onde se via.

Ditosa aquela flama, que se atreve
[A] apagar seus ardores e tormentos
Na vista de quem o mundo tremer deve!

Namoram-se, Senhora, os Elementos
De vós, e queima o fogo aquela neve
Que queima corações e pensamentos.

40.

Alegres campos, verdes arvoredos,
Claras e frescas águas de cristal,
Que em vós os debuxais ao natural,
Discorrendo da altura dos rochedos;

Silvestres montes, ásperos penedos,
Compostos em concerto desigual:
Sabei que, sem licença de meu mal,
Já não podeis fazer meus olhos ledos.

E, pois me já não vedes como vistes,
Não me alegrem verduras deleitosas
Nem águas que correndo alegres vêm.

Semearei em vós lembranças tristes,
Regando-vos com lágrimas saudosas,
E na[s]cerão saudades de meu bem.

42.

Lindo e su[b]til trançado, que ficaste
Em penhor do remédio que mereço,
Se só contigo, vendo-te, endoudeço,
Que fora cos cabelos que apertaste?

Aquelas tranças de ouro que ligaste,
Que os raios do Sol têm em pouco preço,
Não sei se ou pera engano do que peço,
Se pera me matar, as desataste.

Lindo trançado, em minhas mãos te vejo,
E, por satisfação de minhas dores,
Como quem não tem outra, hei de tomar-te.

E, se não for contente o meu desejo,
Dir-lhe-ei que, nesta regra dos amores,
Pelo todo também se toma a parte.

43.

O cisne, quando sente ser chegada
A hora que põe termo a sua vida,
Música com voz alta e mui subida
Levanta pela praia inabitada.

Deseja ter a vida prolongada,
Chorando do viver a despedida;
Com grande saudade da partida,
Celebra o triste fim desta jornada.

Assi[m], Senhora minha, quando via
O triste fim que davam meus amores,
Estando posto já no extremo fio,

Com mais suave canto e harmonia
Descantei pelos vossos desfavores
La vuestra falsa fe y el amor mío.

50.

Amor, coa esperança já perdida,
Teu soberano templo visitei;
Por sinal do naufrágio que passei,
Em lugar dos vestidos, pus a vida.

Que queres mais de mi[m], que destruída
Me tens a glória toda que alcancei?
Não cuides de forçar-me, que não sei
Tornar a entrar onde não há saída.

Vês aqui alma, vida e esperança,
Despojos doces de meu bem passado,
Enquanto [o] quis aquela que eu adoro.

Nelas podes tomar de mi[m] vingança;
E, se inda não estás de mi[m] vingado,
Contenta-te coas lágrimas que choro.

61.

— Como fizeste, Pórcia, tal ferida?
Foi voluntária, ou foi por inocência?
— Mas foi fazer Amor experiência
Se podia sofrer tirar-me a vida.

— E com teu próprio sangue te convida
A não pores à vida resistência?
— Ando-me acostumando à paciência,
Por que o temor a morte não impida.

— Pois por que comes logo fogo ardente,
Se a ferro te costumas? — Porque ordena
Amor que morra e pene juntamente.

— E tens a dor do ferro por pequena?
— Si[m], que a dor costumada não se sente,
E eu não quero eu a morte sem a pena.

62.

De tão divino acento e[m] voz humana,
De tão doces palavras peregrinas,
Bem sei que minhas obras não são di[g]nas,
Que o rudo engenho meu me desengana.

Mas de vossos escritos corre e mana
Licor que vence as águas cabalinas;
E convosco do Tejo as flores finas
Farão inveja à cópia mantuana,

E, pois a vós de si não sendo avaras,
As filhas de Mnemósine fermosa
Partes dadas vos têm, ao Mundo claras,

A minha Musa e a vossa tão famosa,
Ambas posso chamar ao Mundo raras:
A vossa de alta, a minha de invejosa.

67.

Pois meus olhos não cansam de chorar
Tristezas, que não cansam de cansar-me;
Pois não abranda o fogo em que abrasar-me
Pôde quem eu jamais pude abrandar;

Não canse o cego Amor de me guiar
A parte donde não saiba tornar-me;
Nem deixe o mundo todo de escutar-me,
Enquanto me a voz fraca não deixar.

E se nos montes, rios ou em vales
Piedade mora ou dentro mora amor
Em feras, aves, prantas, pedras, águas,

Ouçam a longa história de meus males,
E curem sua dor com minha dor,
Que grandes mágoas podem curar mágoas.

68.

Dai-me ũa lei, Senhora, de querer-vos,
Que a guarde, so[b] pena de enojar-vos;
Que a fé que me obriga a tanto amar-vos
Fará que fique em lei de obedecer-vos.

Tudo me defendei, senão só ver-vos
E dentro na minha alma contemplar-vos;
Que, se assi[m] não chegar a contentar-vos,
Ao menos que não chegue [a] aborrecer-vos.

E, se essa condição cruel e esquiva
Que me deis lei de vida não consente,
Dai-ma, Senhora, já, seja de morte.

Se nem essa me dais, é bem que viva,
Sem saber como vivo, tristemente,
Mas contente porém de minha sorte.

74.

Aquela fera humana que enriquece
Sua presuntuosa tirania
Destas minhas entranhas, onde cria
Amor um mal que falta quando cre[s]ce;

Se nela o Céu mostrou (como parece)
Quanto mostrar ao mundo pretendia,
Por que de minha vida se injuria?
Por que de minha morte se e[n]nobrece?

Ora, enfim, sublimai vossa vitória,
Senhora, com vencer-me e cativar-me:
Fazei disto no mundo larga história,

Que, por mais que vos veja maltratar-me,
Já me fico logrando desta glória
De ver que tendes tanta de matar-me.

75.

Ditoso seja aquele que somente
Se queixa de amorosas esquivanças;
Pois por elas não perde as esperanças
De poder nalgum tempo ser contente.

Ditoso seja quem, estando ausente,
Não sente mais que a pena das lembranças;
Porque, inda que se tema de mudanças,
Menos se teme a dor quando se sente.

Ditoso seja, enfim, qualquer estado
Onde enganos, desprezos e isenção
Trazem o coração atormentado.

Mas triste quem se sente magoado
De erros em que não pode haver perdão,
Sem ficar na alma a mágoa do pecado.

77.

O culto divinal se celebrava
No templo donde toda a criatura
Louva o Feitor divino, que a feitura
Com seu sagrado sangue restaurava.

Ali Amor, que o tempo me aguardava
Onde a vontade tinha mais segura,
Nũa celeste e angélica figura
A vista da razão me salteava.

Eu, crendo que o lugar me defendia
E seu livre costume não sabendo
— Que nenhum confiado lhe fugia —,

Deixei-me cativar; mas, já que entendo,
Senhora, que por vosso me queria,
Do tempo que fui livre me arrependo.

79.

Bem sei, Amor, que é certo o que receio;
Mas tu, porque com isso mais te apuras,
De manhoso mo negas e mo juras
No teu dourado arco; e eu to creio.

A mão tenho metida no teu seio
E não vejo os meus danos, às escuras;
E tu contudo tanto me asseguras,
Que me digo que minto, e que me enleio.

Não somente consinto neste engano,
Mas inda to agradeço, e a mi[m] me nego
Tudo o que vejo e sinto de meu dano.

Oh! poderoso mal a que me entrego!
Que, no meio do justo desengano,
Me possa inda cegar um Moço cego?

80.

Como quando do mar tempestuoso
O marinheiro, lasso e trabalhado,
De um naufrágio cruel já salvo a nado,
Só ouvir falar nele o faz medroso;

E jura que, em que veja bonançoso
O violento mar, e sossegado,
Não entra nele mais, mas vai forçado
Pelo muito interesse cobiçoso;

Assi[m], Senhora, eu, que da tormenta
De vossa vista fujo, por salvar-me,
Jurando de não mais em outra ver-me;

Minha alma, que de vós nunca se ausenta,
Dá-me por preço ver-vos, faz tornar-me
Donde fugi tão perto de perder-me.

81.

Amor é um fogo que arde sem ver;
É ferida que dói e não se sente;
É um contentamento descontente;
É dor que desatina sem doer;

É um não querer mais que bem querer;
É um andar solitário por entre a gente;
É nunca contentar-se de contente;
É um cuidar que ganha em se perder;

É querer estar preso por vontade;
É servir a quem vence, o vencedor;
É ter com quem nos mata lealdade.

Mas como causar pode seu favor
Nos corações humanos amizade,
Se tão contrário a si é o mesmo Amor?

82.

Se pena por amar-vos se merece,
Quem dela livre está? ou quem isento?
Que alma, que razão, que entendimento
Em ver-vos se não rende e obedece?

Que mor glória na vida se oferece
Que ocupar-se em vós o pensamento?
Toda a pena cruel, todo o tormento
Em ver-vos se não sente, mas esquece.

Mas se merece pena quem amando
Contín[u]o vos está, se vos ofende,
O mundo matareis, que todo é vosso.

Em mi[m] podeis, Senhora, ir começando,
Que claro se conhece e bem se entende
Amar-vos quando devo e quanto posso.

85.

Foi já num tempo doce cousa amar,
Enquanto me enganava a esperança;
O coração, com esta confiança,
Todo se desfazia em desejar.

O' vão, caduco e débil esperar!
Como se desengana ũa mudança!
Que, quanto é mor a bem-aventurança,
Tanto menos se crê que há de durar!

Quem já se viu contente e prosperado,
Vendo-se em breve tempo em pena tanta,
Razão tem de viver bem magoado;

Porém, quem tem o mundo exprimentado,
Não o magoa a pena nem o espanta,
Que mal se estranhará o costumado.

87.

Conversação doméstica afeiçoa,
Ora em forma de boa e sã vontade,
Ora de ũa amorosa piedade,
Sem olhar qualidade de pessoa.

Se de[s]pois, porventura, vos magoa
Com desamor e pouca lealdade,
Logo vos faz mentira da verdade
O brando Amor, que tudo, em si perdoa.

Não são isto que falo conjecturas,
Que o pensamento julga na aparência,
Por fazer delicadas escrituras.

Metido tenho a mão na consciência,
E não falo senão verdades puras
Que me ensinou a viva experiência.

91.

Vós que, de olhos suaves e serenos,
Com justa causa a vida cativais,
E que os outros cuidados condenais
Por indevidos, ba[i]xos e pequenos;

Se ainda do Amor domésticos venenos
Nunca provastes, quero que saibais
Que é tanto mais o amor de[s]pois que amais,
Quanto são mais as causas de ser menos.

E não cuide ninguém que algum defeito,
Quando na cousa amada se apresenta,
Possa diminuir o amor perfeito;

Antes o dobra mais; e, se atormenta,
Pouco a pouco o desculpa o brando peito;
Que Amor com seus contrários se acre[s]centa.

92.

Que poderei do mundo já querer,
Que naquilo em que pus tamanho amor,
Não vi senão desgosto e desamor,
E morte, enfim, que mais não pode ser?

Pois vida me não farta de viver,
Pois já sei que não mata grande dor,
Se cousa há i que mágoa dê maior,
Eu a verei; que tudo posso ver.

A morte, a meu pesar, me assegurou
De quanto mal me vinha; já perdi
O que [a] perder o medo me ensinou.

Na vida, desamor somente vi;
Na morte, a grande dor que me ficou.
Parece que pera isto só na[s]ci!

95.

Aquela que, de pura castidade,
De si mesma tomou cruel vingança
Por ũa breve e súbita mudança,
Contrária a sua honra e qualidade;

Venceu à fermosura a honestidade,
Venceu no fim da vida a esperança,
Porque ficasse viva tal lembrança,
Tal amor, tanta fé, tanta verdade.

De si, da gente e do mundo esquecida,
Feriu com duro ferro o brando peito,
Banhando em sangue a força do tirano.

Estranha ousadia! estranho feito!
Que, dando morte breve ao corpo humano,
Tenha sua memória larga vida!

98.

Se, de[s]pois de esperança tão perdida,
Amor pela ventura consentisse
Que inda algũa hora breve alegre visse
De quantas tristes viu tão longa vida;

Ũa alma já tão fraca e tão caída,
Por mais alto que a sorte me subisse,
Não tenho pera mi[m] que consentisse
Alegria tão tarde consentida.

Não tão somente Amor me não mostrou
Ũa hora em que vivesse alegremente,
De quantas nesta vida me negou;

Mas inda tanta pena me consente
Que co contentamento me tirou
O gosto de algũa hora ser contente.

99.

O raio cristalino se estendia,
Pelo mundo, da Aurora marchetada,
Quando Nise, pastora delicada,
Donde a vida deixava se partia.

Dos olhos, com que o sol escurecia,
Levando a vista em lágrimas banhada,
De si, do Fado e Tempo magoada,
Pondo os olhos no Céu, assi[m] dizia:

— Nasce, sereno Sol puro e luzente;
Resplandece, fermosa e roxa Aurora,
Qualquer alma alegrando descontente;

Que a minha, sabe tu que, desde agora,
Jamais na vida a podes ver contente,
Nem tão triste nenhũa outra pastora.

212.

Quem quiser ver de Amor ũa excelência
Onde sua fineza mais se apura,
Atente onde me põe minha ventura,
Por ter de minha fé experiência.

Onde lembranças mata a larga ausência,
Em temeroso mar, em guerra dura,
Ali a saudade está segura,
Quando mor risco corre a paciência.

Mas ponha-me [a] Fortuna e o duro Fado
Em nojo, morte, dano e perdição,
Ou em sublime e próspera ventura;

Ponha-me, enfim, em ba[i]xo ou alto estado;
Que até na dura morte me acharão
Na língua o nome e na alma a vista pura.

268.

Este amor que vos tenho, limpo e puro,
De pensamento vil nunca tocado,
Em minha tenra idade começado,
Tê-lo dentro nesta alma só procuro.

De haver nele mudança estou seguro,
Sem temer nenhum caso ou duro Fado,
Nem o supremo bem ou ba[i]xo estado.
Nem o tempo presente nem futuro.

A bonina e a flor asinha passa;
Tudo por terra o Inverno e Estio deita;
Só pera meu amor é sempre Maio.

Mas ver-vos pera mi[m], Senhora, escassa,
E que essa ingratidão tudo me enjeita,
Traz este meu amor sempre em desmaio.

Leituras recomendadas

AGUIAR E SILVA, Vitor. *Dicionário de Luís de Camões*. São Paulo: Leya, 2011.

BOLAND, Eavan; STRAND, Mark. *The Making of a Poem: A Norton Anthology of Poetic Forms*. Nova York: W. W. Norton, 2001.

SARAIVA, António José. *Iniciação à literatura portuguesa*. São Paulo: Companhia das Letras, 1999.

SENA, Jorge de. *Os sonetos de Camões e o soneto quinhentista peninsular*. Lisboa: Edições 70, 1981.

Esta obra foi composta em Sabon por Alexandre Pimenta
e impressa em ofsete pela Geográfica
sobre papel Pólen Bold da Suzano Papel e Celulose
para a Editora Schwarcz em abril de 2016

A marca FSC® é a garantia de que a madeira utilizada na fabricação do papel deste livro provém de florestas que foram gerenciadas de maneira ambientalmente correta, socialmente justa e economicamente viável, além de outras fontes de origem controlada.